Mikael Rubin

Längtan efter min älskade

Förlag: BoD – Books on Demand, Stockholm, Sverige
Tryck: BoD – Books on Demand, Norderstedt, Tyskland
ISBN: 9789178512676

på andra sidan spegeln

naken står
sprickfärdig knopp
i strålande värme

eldiga flammor
vidrör mitt inre
om sluter sig

forsens skum
sveper regnbågen
runt lekamen

solen sprider
kaskader söker
skuggans baksida

daggens slöja
sörplar i gryningen
från livets skugga

livet skimrar
i regnbågens skugga
där hjärtat finns

fjättrad i sin puppa
blir man bländad
av sig själv

fjärilen flyr
friheten längtar
bortom knuten

blank sjö
spegel växer
i försvinnandet

livets sälta
sköljer sanden
ur ögonen

vattendroppen förnimmer
inte allt
men urholkar tiden

droppar smeker
gråtande asfalt
i doftande brus

tystnaden ser ljud
av doft
i tomrum

flytande kyla
flyr i kramp
ur slöjans dis

oskuldsfulla flingor
förvrider sinnet
till ett töcken

frostig värme
i vinterskrud
förför

leendet fräter
och smittar
i förtärande lek

kanderat fragment

kanderat fragment
rinner in i tidlös glömska
där inre sötma läppjar djupt

droppen glänser
i stum beundran
begäret skälver
vid minnets rand

kanderad sälta
vid tidlöst fragment
rinner in
i tidlös glömska

längtan efter min älskade

fångar anden av min älskade
i ett silkeslent spindelnät
innesluter tanken
i hjärtats kokong

förnimmer siluetten

av min älskade

när den speciella doften nalkas

uti minnets gömslen

spiller en tår eller två för
min älskade
när känslan av tomhet blir
för svår
ryms min längtan
i varje droppe

bitter smak

smaken är bitter av ditt svek

fly smärtan

ger djupa och tärande sår

du vägrar möta ditt förflutna

din ungdoms förnimmelser

smaken av förräderi
skapar rädsla
sarkasmer och spydigheter
ett försvar − ett skydd
mot demoner

du sluter dig som en mussla
att stänga ute smärtan
förtär dig
invärtes av samvetet
det enkelriktade förståndet

dikt till en överlevare

en

diamantbeklädd dörr

öppnas på glänt

en glimt från det förflutna

sipprar ut

medan enträgna försök görs

att tränga igenom

den unkna doften

ser man den sargade smärtan

skälva till

krampaktigt

slås dörren igen

för att utestänga

de plågsamma minnen

som viskar i vinden

utanför

formen får liv

i ett känslokallt skal

som brinner i själen

ditt namn blir rationellt

för att uthärda ekot

från djupet av det inre

den talande tystnaden

den talande tystnaden faller tungt
över divanen där en djupt andandes
drar in alltets stoft
och eftertänksamt tynar bort

tungt faller minnet till
glömskans oas
i tyngdlöshetens slutna vakuum
där inget finns utom längtan
efter bilden som drunknar i
sig själv

saknaden av minnet

efter själen

som vandrar oavbrutet

sen allt stoft samlats i timglas

där sanden rinner

med tidlöshet

förnimmelser frambringas
till minnet av glömskan
i flagor av fragment
där smärtan besegras

i sinnenas brus kommer allt
drunkna i en sprucken spegel
där striden kommer att segra

djupt i vårt inre läppjar sötman
till minnet av en sval bris
som stundom upphör i
den ensliga själen

själens väsen har tystnat
av dovt ljud från högt gräs
som ligger på lur och gäspar
käken ur led

den smärtsamma färgpaletten
skiftar skepnad
gömmer sig i sitt anletes väta
där lögn är i maskopi med
sanning

den andra insidan

naken står sprickfärdig knopp

i strålande värme och vajar

inför sitt första vårskrik

där eldiga flammor vidrör mitt inre

som sluter sig – tätt, tätt

i forsens skum

där regnbågen sveper runt

själslig lekamen

när solens tentakler

söker skugga

daggen sörplar i gryningen
slöjan vaggar när livet skimrar
ända in i hjärtats skrymslen
man fjättrad blir i sin puppa
– där, där
spegeln visar
din dröm om fjärilsflykt
bortom de osynligas arena

livets sälta sköljer sanden

ur ögonen

vattendroppen förnimmer att allt inte är slut

men urholkar tiden

när droppar smeker

gråtande asfalt

i doftande brus piskar stormen

hör tystnaden när

flytande kyla flyr

i kramp stelnar till is

som bränner likt glödgad kol

oskuldsfulla flingor förvrider
sinnet
gnistrande kristall väntar på
den sista vilan
medan frostig värme klär
i vinterskrud
ruset väntar inför det sista
vintervrålet
när träden huttrande
innan sprickfärdig knopp brister
med eldiga flammor vilande på
axlar

Tack till naturen som inspirerar mig